宣圣会

《宣圣会基本信仰要旨》

我们所是——我们所信

宣圣会

神的教会,
在天上人间
其最高形式,
有聚会,
教导,以及
联合敬拜,
而这些都是为了帮助
个人得以模成
神儿子的样式。

——芬尼·布劳基
(Phineas F. Bresee),

宣圣会第一任总监督

目录

欢迎阅读《宣圣会基本信仰要旨》

我们的卫斯理圣洁传统

我们的全球教会

我们的核心价值观

我们的使命

我们的宣圣会特质

我们的卫斯理神学

我们的信条

我们的教会学

我们的体制

教会：地方教会，区会和总会

一个联络的教会

由宣圣会总监督理事会主办
© 版权 2015。本作品版权由宣圣会有限公司所有。

欢迎阅读
《宣圣会基本信仰要旨》

新一代属灵领袖和不断增长的信徒群体都声称需要一份简明易懂、深入浅出的出版物。这份出版物是有关教会的教导、历史、神学、宣教、财务和彼此的连结。

《宣圣会基本信仰要旨》阐释了宣圣会在卫理宗亚米念传统下，作为全球性的圣洁和大使命运动的存在原因。

《宣圣会基本信仰要旨》为神职人员和平信徒更好地理解教会的目标和教会的使命提供了一个渠道。这目标就是宣扬圣经中所启示的圣洁；这使命就是使万民作有基督样式的门徒。

《宣圣会基本信仰要旨》可在网上阅读。只要进入nazarene.org的总监督页面，或者直接进入www.nazarene.org/?q=en/essentials页面，你将在这个网站找到各种语言版本的《宣圣会基本信仰要旨》及其附带资源。

希望在你阅读和学习《宣圣会基本信仰要旨》时，你能更多地了解宣圣会，以及教会对于顺服神、分享耶稣基督福音的渴望。

注：《宣圣会基本信仰要旨》是《宣圣会教会手册》www.nazarene.org的补助刊物，而非替代品。

约翰·卫斯理,1703-1791
循道运动的创始人

我们的卫斯理圣洁传统

"独一、圣洁、大公,为使徒所立的" 基督之教会,将新旧约里所记录的、历代以来神百姓的历史,无论这基督之教会以何种方式表达其信仰,均作为自己的历史而承载了下来。她以基督教起初的五个世纪以来普世教会所承认的信经作为自己的认信。

她籍着以下方面体现着与历代基督教会的一致性:传道、施行圣礼、持守符合使徒教导的信仰及操练、逐步建构信徒过有基督样式的生活和服侍。她与历代圣徒一同回应圣经上的呼召,那就是,过圣洁的生活,以及全然委身与神。这呼召是透过全然成圣的神学思想来宣扬。

我们的基督教传统成形于16世纪英国宗教改革和18世纪卫理宗大复兴。通过约翰·卫斯理与查理·卫斯理的讲道,英格兰、苏格兰、爱尔兰和威尔士的人民离弃罪恶,并满得服侍的能力。此次复兴的特点为:平信徒讲道、作见证、门训和操练,以及被称为"会社"、"班会"和"小组"的热心门徒圈。卫理宗大复兴的神学重点包括:因信藉恩得以称义;成圣,也称为基督徒的完全,同样是因信藉恩所得来的;以及圣灵对于得救恩典之确据所赐下的见证。

约翰·卫斯理的突出贡献,在于强调基督徒可以靠着神恩典的供应,过一个全然成圣的生活。他所强调的重点被传播到全世界。"为了改革美国大陆的基督教会,并宣扬圣经中的圣洁教导",1784年在北美成立了卫理公会。

19世纪中期，基督徒圣洁运动又燃起了新一轮的重视。麻省波士顿的提摩太·梅里特（Timothy Merritt），作为《基督徒成圣指南》杂志的一名编辑，激发了人们对此的兴趣。纽约市的菲比·帕尔默（Phoebe Palmer）带领旨在宣扬圣洁生活的周二聚会，并且成为一名广受欢迎的讲员、作家和编辑。1867年，循道会牧师约翰·伍德（J. A. Wood）、约翰·茵思基（John Inskip）及一些其他人在新泽西州的瓦恩兰（Vineland）发起了首次一系列波及世界各地，旨在更新卫理宗对圣洁渴求的营会。

基督徒成圣同样被卫理公会、自由循道会、救世军以及某些门诺派、兄弟会和贵格会所重视。福音布道者把这个运动带到了德国、英国、斯堪的纳维亚、印度和澳大利亚。新的圣洁派教会被建立起来，其中包括在印第安那州安德森市建立的神的教会（Church of God）。基于这次圣洁运动的努力，圣洁派教会、城市宣教机构和宣教协会成长起来。宣圣会就诞生于这样一个时代需要，即将这些联结起来成为一个宣讲圣洁的教会。

圣洁中的合一

1887年，弗列德·西拉瑞（Fred A. Hillery）在罗得岛的普罗维登斯建立了百姓福音教会（People's Evangelical Church）。接着，1888年在麻萨诸塞州的琳内城（Lynn）成立了宣教教会（Mission Church）。1890年，他们和新英格兰的其他八个教会形成了中央福音圣洁会（Central Evangelical Holiness Association）。1892年，安娜·韩康比（Anna S. Hanscombe）被按立为宣圣会历史中的首位女性牧者。

从1894年到1895年，威廉·霍华·何勒（William Howard Hoople）在纽约州布鲁克林组建了三个圣洁教会，这三个教会组成了美国五旬节教会协会。对于这些教会以及宣圣会的其他创始人而言，"五旬节"一词是"圣洁"的同义词。西拉瑞和何勒的小组在1896年合并，在印度（1899年）和佛得角（1901年）建立事工。宣教主管希兰·莱诺得（Hiram F. Reynolds）在加拿大建立了教会（1902年）。1907年，事工服侍地域从新斯科舍扩展到爱荷华州。

1894年，罗伯特·李·哈里斯（Robert Lee Harris）在田纳西州的米兰市建立了基督新约教会。1895年，他的遗孀玛莉·李·凯各（Mary Lee Cagle）将教会拓展到西德克萨斯。1901年，查理斯·真尼根（C. B. Jernigan）在德克萨斯州的范雅司尼（Van Alstyne）建立了第一个独立的圣洁教会。1904年，这些教会在德克萨斯州的晨星市（Rising Star）合并，成立了圣洁基督教会（Holiness Church of Christ）。到1908年，从佐治亚州拓展到新墨西哥州，服侍流浪者和贫困者，帮助孤儿和未婚母亲，并且与印度和日本的事工建立联系。

1895年，芬尼·布劳基（Phineas F. Bresee）和约瑟·魏尼（Joseph P. Widney）以及其他100人，在洛杉矶建立了宣圣会。他们坚信因信得成圣洁的基督徒应当效法基督的榜样，并传福音给贫穷的人。他们相信，时间和财力当用在能体现出基督形像的事工上，目的就是拯救灵魂和帮助有需要的人。美国西岸是宣圣会主要的教会拓展区，在东部也有一些教会，其中远至伊利诺州。同时，在印度加尔各答，教会还支持着当地的本土宣教事工。

1907年10月，美国五旬节教会协会和宣圣会在伊利诺州的芝加哥召开大会，旨在定出一个能平衡监督体制与教会权利的教会管理机制。监督的职责是培育和关怀已经成立的教会，组织并勉励新生教会，但不干预一个健全成形之教会的独立运作。基督圣洁教会派代表赴会。第一届总议会从两个教会的名字中各取一部分，草拟并采用了这个新名字：五旬节宣圣会（Pentecostal Church of the Nazarene）。布劳基和莱诺得被选为总监督。

1908年9月，宾州圣洁基督徒教会大会在H. G. 昌博（H. G. Trumbaur）的带领下，加入五旬节宣圣会。10月13日，在德克萨斯州的领航角市（Pilot Point, Texas），第二届总议会期间，五旬节宣圣会与圣洁基督教会联会（General Council of the Holiness Church of Christ）合并。

1898年，J·O·麦古根（J. O. McClurkan）在纳许维尔建立了五旬节宣教教会（the Pentecostal Mission），将田纳西州及周边的一些圣洁派信徒聚集在一起。他们差派牧师和教师去古巴、危地马拉、墨西哥以及印度。因为宣讲卫理宗基督徒圣洁教义，1906年乔治·夏平（George Sharpe）被逐出苏格兰格拉斯哥帕克海德公理会。此后，帕克海德五旬节教会得以建立，另外一些五旬节教会也相继形成，1909年苏格兰五旬节教会成立。1915年，五旬节宣教教会和苏格兰五旬节教会与五旬节宣圣会合而为一。

当教会创立者们于19世纪晚期最早使用"五旬节"一词作为教会名称时，其含义等同于圣洁教义，然而后来，"五旬节"一词不再是"圣洁"的同义词。第五届总议会（1919年）将宗派的正式名称改为宣圣会。这一年轻的宗派坚守其传扬全备救赎之福音的原初使命。

领航角总议会，美国德克萨斯州，1908年10月13日

我们的全球性教会

宣圣会的核心特征主要成形于1915年联合在一起的前身教会。从一开始教会特质中就具有国际性。教会当时已经支持分布在美国、印度、佛得角、古巴、加拿大、墨西哥、危地马拉、日本、阿根廷、英国、斯威士兰、中国和秘鲁的完备成形的教会。到1930年，宣圣会拓展到南非、叙利亚、巴勒斯坦、莫桑比克、巴巴多斯和特立尼达。各国教会领袖，如墨西哥地区监督V·G·散丁（V. G. Santin）、日本地区监督北川藤原浩（Hiroshi Kitagawa）和印度地区监督撒母耳·布博（Samuel Bhujbal），在这一拓展进程中发挥着举足轻重的作用。宣圣会这一国际性特质因着新加入的教会更得以强化。

1922年，J·G·摩利生（J. G. Morrison）在达科他州、明尼苏达州和蒙大拿州，带领信徒圣洁协会（Layman's Holiness Association）的众多同工和1000多名会员加入宣圣会。1930年期间，陈纳苏（Robert Chung）带领一群彼此有联系的韩国牧师们和会众加入宣圣会。A·A·E·伯格（A. A. E. Berg）带领下的澳大利亚众教会于1945年加入。1948年，亚弗利多·罗素（Alfredo del Rosso）带领意大利教会加入本宗派。1950年前后，协西巴信心宣教协会（Hephzibah Faith Missionary Association）的南非事工部及其在爱荷华州陶巴市的事工中心也与宣圣会联合。

因着这些拓展所带来的借鉴，宣圣会有意识地设计出了一套与新教教会一般模式不同的形式。1976年，为了研究查考宣圣会未来的形态，教会成立了一个研讨会。1980年出炉的报告，建议总议会循序渐进同时周密地采纳一种国际化的管理体制，该体制包含以下两个原则。

原则首先明确了一点，就是，全球所有的宣圣会众教会和教区建构了一个"世界范围的信徒团契，在信徒所在的文化背景内，该团契中包含着完全的接纳"。其次，原则明确对于"宣圣会的独特事工"的共同委身，即"传扬圣经中的圣洁教义……作为宣圣会身份不可或缺的核心元素"。

1980年召开的总议会在信条上接受了"神学上的国际一致性"，同时肯定了对所有神职人员提供神学培训的重要性，并且呼吁在世界上的每一个区域建立神学教育机构，充分支持对牧者的神学培训。这一点促使宣圣会在一个有着统一教义的框架下，作为一个国际性圣洁团体而日趋成熟。这个框架里"强与弱、施与受"这种具有殖民心态的意识已被"用一种全新的方式看待世界，即：所有同伴均有其有优势且相互平等。"的观念所替代。

宣圣会在新教体系内产生了一个独特的增长模式。截至1998年，半数宣圣会成员已不再是美国和加拿大的居民。2001年召开的总议会中，41%的与会代表英文仅仅是他们的第二语言，或者根本不说英语。2009年当选的教会总监督之一，犹杰尼奥·杜阿尔特，则是一位来自佛得角的非洲弟兄。

国际事工独有特色

在历史上，宣圣会战略性事工围绕着三个核心而开展：布道、社会公益事工和教育。跨这三项籍着跨文化宣教士、千万名牧师及服侍人员得以蓬勃发展。他们都成功地将卫理宗教义在各自的文化中本土化。

希兰·莱诺得（Hiram F. Reynolds）在宣圣会跨文化事工的建立以及世界宣教的宗派理念的形成上发挥了战略性的作用。在他担任总监督的二十五年里，他不断的倡导使宣教成为了本会的重中之重。自1915年以来，宣圣会国际宣教部（最初是妇女宣教社团）就曾积极募款，旨在推动全球教会普及宣教事工层面的教育。

宣圣会成员从一开始就是一群极富同情、心存怜悯的人，他们在印度救援饥荒、建立孤儿院、为未婚少女和妇女开办妇产科医院，服侍并照顾吸毒人员和无家可归之人，透过这些事工见证了神的恩典。二十世纪二十年代，教会的社会慈善事工重点转向医疗，因此在中国和斯威士兰、印度和巴布亚新几内亚相继建立医院。宣圣会的医疗专家们关怀病人、给病人做手术、训练护士、并且在世界上一些最贫困的地区资助建立了流动户外医院。

与此同时，一些专科诊所也建立起来，例如非洲的麻风病诊所。二十世纪八十年代，宣圣会社会慈善事工的创立，为今天更广泛的一些社会慈善事工奠定了基础。今天的事工则包括：异地资助儿童、灾区营救支援、艾滋病教育、支持孤儿的需要、建设水利工程、食品分发支援。

主日学和查经班一直都是宣圣会教会生活的一部分，而且在塑造有基督形象的门徒这方面举足轻重。1905年，在加尔各答成立的希望女子学校（Hope School for Girls）的早期阶段，教会就在基础教育和识字教育上不遗余力。在世界各地，宣圣会的学校预备人们，使他们能在社会、经济、宗教生活中有更深入的参与。直到20世纪中期，大部分在美国的早期宣圣会大学都有其附属小学和附属高中。

宣圣会的创立者们在高等教育方面给予了极大的投入，深信在培养牧师和基督徒工人以及塑造普通信徒上，高等教育是核心所在。国际教育委员会列出遍布世界各地的宣圣会高等教育机构，其中包括：非洲、巴西、加拿大、加勒比海、韩国和美国的文科学院和大学，此外还有众多圣经学院和机构，在印度和巴布亚新几内亚的护士学校，以及在澳大利亚、哥斯达黎加、英国、菲律宾和美国的神学院等。

斗转星移，宣圣会已经从一个仅具国际层面的教会发展为一个国际性的信徒群体。扎根于卫斯理传统，宣圣会会员对自己身份的认知为：属基督的、过圣洁的生活和肩负宣教使命。他们热衷于此使命宣言："在万国中造就出有基督形像的门徒。"

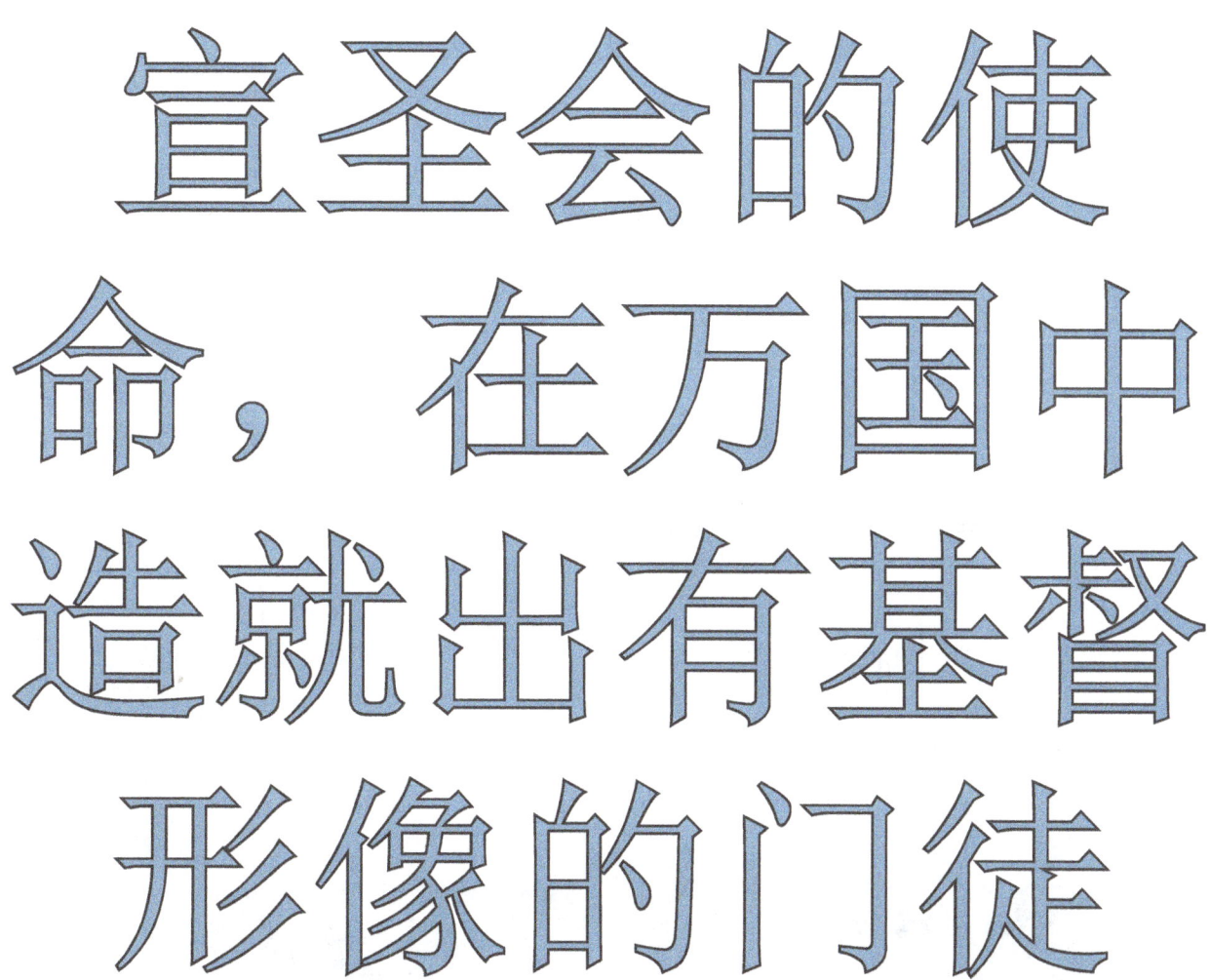

宣圣会的使命，在万国中造就出有基督形像的门徒

我们的核心价值

1. 我们是一群属基督的子民

作为普世教会的一员，所有宣告耶稣基督为主、认信历史传承的三位一体教义和基督徒信仰的真信徒，我们同为肢体。我们珍视我们的卫斯理圣洁传统，相信这个传统是认识忠于圣经、理性、传统和经验的信仰的途径之一。

我们联与所有宣告耶稣基督为主的信徒。我们相信，在他的爱中，神赐给了所有的人罪得赦免和恢复与神的关系的可能。我们相信，藉着与神和好，我们也需彼此和好，彼此相爱，正如神爱了我们一样；也需彼此饶恕，正如我们被神所饶恕一样。我们相信，我们生命相联，是为了彰显基督的性情。我们视圣经为属灵真理的根本来源，这属灵真理是被理性、传统和经验所印证的。

耶稣基督是教会的主，如尼西亚信经所告诉我们的，教会是独一的、圣洁的、普世的以及使徒性的。在耶稣基督里，透过圣灵，父神向全世界赐下了罪得赦免以及与神和好的恩典。凡凭着信心回应神救恩的人就成为神的子民。我们这些已经蒙赦免并在基督里与神和好的人，

> 我们联与所有宣告耶稣基督为主的信徒。

也当彼此饶恕，彼此和好。如此，我们就成为基督的教会和身体，并彰显基督身体的合一。作为基督合一的身体，我们信奉"一主、一信、一洗"。我们承认基督教会的合一，并在所有事上竭力保守这合而为一的心（以弗所书4：5，3）。

2. 我们是一群圣洁的子民

圣洁的神，呼召我们过一个圣洁的生活。我们相信，圣灵在我们心里盼望做恩典的二次工作，此工作也被称为，"全然成圣"和"圣灵的洗"——洁净我们脱离众罪，更新我们，使我们恢复神的形像，赐我们能力去尽心、尽性、尽意、尽力爱神，并能爱邻舍如同自己，在我们里面孕育出基督的性情。圣洁，在信徒的生活中，最清晰的理解就是具有基督的形像。

> 圣灵的工作使我们恢复了神的形像，
> 并在我们里面孕育出基督的性情。

圣经呼召我们，恩典吸引我们去敬拜神，去尽心、尽性、尽意和尽力来爱神，并且爱邻舍如同自己。因此，我们将自己的一切完全地委身于神，作为第二次翻转性的经历，相信我们全人可以"被全然洁净"。我们相信，圣灵使我们知罪、洁净我们、充满我们、并且赐给我们力量，同时，神的恩典也天天更新变化我们，使我们成为一群满有爱心、灵性有纪律、有伦理道德上的纯洁、好怜悯、行公义的子民。这是圣灵的工作，它恢复我们里面神的形像，并在我们里面孕育出基督的性情。

我们相信父神，他是万物的创造者，使无变有的神。我们本不存在，但神使我们成形，为他自己创造了我们，并冠于我们他自己的形象。我们赋有神的形像乃是神的旨意："我是耶和华你们的神，所以你们要成为圣洁，因为我是圣洁的"（利未记11：44a）。

3. 我们是一群肩负使命的子民

我们是一群奉差遣的子民，回应基督的呼召，靠着圣灵所赐的能力进入世界，见证基督是主，并与神同工建立教会，扩张他的国度（马太福音28：19-20；哥林多后书6：1）。我们的使命（a）始于敬拜，（b）籍着传福音和善工来服侍世人，（c）透过门徒培训，鼓励信徒进入基督徒成熟的生命中，并且（d）通过基督徒高等教育来预备男人和女人参与到基督徒的事奉当中。

A. 我们的敬拜事工

教会在世界中的事奉均始于敬拜。当我们聚集在神的面前敬拜——唱诗，聆听圣经的宣读，作十一奉献和其他奉献，祷告，聆听所传讲的真道，施行洗礼，并且分享主的圣餐——籍此我们就对何为作神的子民之意义最为清楚。我们相信神在世间的工作主要是借着敬拜的教会得以成全。这个敬拜的群体会引导我们看见，我们的事奉包括接纳新成员进入教会团契，并且组建新的敬拜群体。

> 敬拜是我们爱神的最高表达

敬拜是我们爱神的最高表达。这敬拜以神为中心，尊崇那位以恩典怜悯救赎了我们的神。敬拜的基本环境就是神的子民所聚集的当地教会，既不是为了得着以自我为中心的经验，也不是为了荣耀自己，而是要在降服和奉献自己的情形中敬拜。教会在爱中、满有顺服地侍奉神，这就是敬拜。

B. 我们的慈善和布道事工

既是归神为圣的子民，我们把神的爱分享给失丧者，将神的慈悲怜悯传递给贫穷和心灵破碎的人。大诫命（马太福音22：36-40）和大使命（马太福音28：19-20）推动我们透过布道、施行慈善和秉行公义来关爱这个世界。为了这一目标，我们不遗余力地领人信主，关怀贫穷人，抵制不义，扶持被压迫的人，保守和维护神创造的自然资源，并且在我们的团契里接纳所有呼求主名的人。

透过在这个世界中所展开的服事，教会彰显了神的爱。圣经的故事就是神的故事，是他藉着基督耶稣，最终让世人与他和好的故事（哥林多后书5：16-21）。教会蒙差遣进入这世界，透过传福音、施行慈善和秉行公义，与神一同在爱与和好的事工上同工。

C. 我们的门徒培训事工

我们坚定地做耶稣的门徒，并竭力带领他人也成为主的门徒。考虑到这点，那些有助于鼓励信徒在基督信仰上的认识、与神和他人关系上进深成长的方法，我们都努力去提供（主日学，查经班，互助监督小组等等）。做门徒就意味着使自己降服与神，并接受信心的操练。我们应该通过相互扶持，团契生活和爱心里的监督，帮助彼此去过一个圣洁的生活。就如约翰·卫斯理曾说："神赐我们彼此，为要坚固彼此的手。"

> 圣灵逐步带领我们在基督里日益成熟的过程，
> 门徒训练则是这过程中的途径。

基督徒门训是一种生活态度和方式。神希望我们怎样生活于世间，学习明白他心意的这个过程即是门训。当我们学习顺服神的话语而活，实行信心的操练，彼此监督勉励时，我们就开始了解一个有操练的生活所带来的真喜乐，并何为基督徒的真自由。门训不单单是人的努力，循规蹈矩，而是一个途径——圣灵藉着这个途径逐步带领我们在基督里日益成熟。也正是透过门训，我们成为有基督性情的子民。门训的最终目标是要将我们转化成耶稣基督的形像和样式（哥林多后书3：18）。

D. 我们的基督徒高等教育事工

我们委身于基督徒教育，众多男女为着将来的教会服侍生涯在此接受装备。在我们的神学院、圣经学院和大学里，我们忠心于以下层面：知识的提升、基督徒品格的培养，领袖的预备，使他们能完成神赋予他们服侍教会和世人的呼召。

宣圣会事工的一个核心部分就是基督教高等教育。在宣圣会早期，因着卫斯理圣洁复兴运动在全世界的传播，为了预备神的儿女成为领袖并参与基督徒事奉，基督徒高等教育机构由此而生。多年坚持不懈地在基督徒高等教育上的投入和委身，我们已形成了世界范围的神学院、圣经学校、学院和大学的教育网。

来啊！我们要向耶和华歌唱
向拯救我们的磐石欢呼
耶稣基督是主

我们的使命

宣圣会的使命，是要在万国造就出具有基督形像的门徒。

我们是肩负大使命的教会（马太福音28：19-20）。作为一个信心国际性群体，我们受托于耶稣基督，要把在他里面得生命的福音带给各地的族群，走遍各处去宣讲圣经中圣洁（具有基督形像的生活）的信息。

那些已经尊耶稣基督为生命之主的个人，宣圣会使他们联结在一起。他们在基督徒团契中彼此分享，透过敬拜、讲道、训练和服侍他人，在信心成长的历程中有意识地去彼此坚固。

我们竭力向所有人大显耶稣基督的恩怜，这其中也包括委身于效法基督的生活。

教会的主要目的是荣耀神，同时，我们也蒙召要积极参与到他的使命之中——劝世人与他和好。

我们的使命宣言包含了其使命的历史性核心：福音布道、成圣、门徒训练、慈善事工。圣洁的本质即具有基督的形像。

宣圣会会员正成为一群奉差遣的子民——进入家庭、工作场所、社区和村庄，还有其他城市和国家。如今，宣教士正从世界各个地区被差派出去。

神不断地呼召平凡的人去做非凡的事，这些事藉着圣灵而成为可能。

我们宣圣会的特点

2013年的总议会中，总监督委员会揭示了宣圣会的七大特点：

1. 充满意义的敬拜

2. 神学的一致性

3. 热忱的福音布道

4. 有意识的门徒训练

5. 教会发展

6. 带有转变性的领导力

7. 有目标的慈善事工

以上描述并非要取代我们"使万民成为像基督的门徒"的使命，也不是要剔除我们"属基督、过圣洁生活和肩负使命的"的核心价值，这些是我们认为每一个宣圣会教会都应具有的特性，从更广泛的层面来说，这些特点应当在世界各地宣圣会成员身上体现出来。当教会展望未来时，我们敦促教会的领袖们强调这些特质，全体宣圣会成员将此身体力行活出来。让我们探索，在历史进程里，如何让这些特点在全球教会的身上也能体现出来。

1. 充满意义的敬拜

我们可以充满信心地说，敬拜神就是承认他是我们救恩的磐石，是伟大的神，超乎万神之上伟大的君王，万有的创造者，以及关爱他子民的大牧人。

A. 耶稣的门徒与他同住，门徒与主的这种关系自然带出的结果就是一服侍他人。

- 耶稣差派他的门徒进入世界去服侍（马太福音10章）。
- 后来他告诉门徒他们需要被圣灵充满。他们在楼上的房间里等候，圣灵就如耶稣所应许的那样，降临在他们身上（使徒行传2章）。
- 一旦门徒开始了他们在世界中的事工，他们就成了神的使者。
- 在劝人与神和好的事工中，他们带来了劝人与神和好的信息（哥林多后书5：11-21）。
- 保罗说的最好，"所以，我们作基督的使者，就好像神借我们劝你们一般；我们替基督求你们与神和好。神使那无罪的，替我们成为罪，好叫我们在他里面成为神的义"（哥林多后书5：20-21）。

> 早期教会在世界中真正开始实行这个使命，
> 也是基于在安提阿那次意义深刻的敬拜经历。
> ——使徒行传13：1-4

B. 耶稣以大使命挑战跟随他的人。

- "所以，你们要去，使万民作我的门徒，奉父、子、圣灵的名给他们施洗。凡我所吩咐你们的，都教训他们遵守，我就常与你们同在，直到世界的末了"（马太福音28: 19-20）。

C. 当我们实践属灵操练时，例如禁食和祷告，意义深远的敬拜因此而生。

- 圣灵差派他们出去为主赢得他人。
- 此幕发生在敬拜的时候。
- 敬拜激励我们，让神的大能从我们的生命中释放出来。
- 敬拜把我们的生命重新调整，使其转向基督。对所有的信徒来说，这是一种必不可少的属灵操练，神用它塑造我们，把我们模成耶稣的圣洁形像。
- 我们必须不断地在生命中操练个人敬拜和团体敬拜。

D. 在团体事奉中，意义深远的敬拜让神有时间以他自己的方式在我们中间运行。

- 早期教会不是藉着委员会或研讨会来安排事务的。
- 他们而是常常聚集在一起，共同敬拜，让神自由地在他们中间运行。

- 我们必须乐意放下我们的日程安排，让神有时间在我们中间完成他的日程安排。
- 当我们心怀期待等候神的时候，意义深远的敬拜给神提供了自由运行的空间。
- 我们必须留出时间，让神彰显他自己，并且以他的方式、按他的时间来劝信人、推动人、触摸人、拯救人，并且使人成圣。
- 每一次参加聚会敬拜时，我们都应该都带着热切的期盼，盼望神会来与我们相遇并在我们中间运行。
- 每周聚集敬拜时，我们必须带有一种期望，即神会以很明显的方式运行，行那惟独他才能成就的事。我们决不能以习惯性例行公事的聚会为满足。
- 神的儿女必须每周聚集在一起，只有这样他们才能被神的灵满有能力地抓住。
- 人的灵被神的圣灵所充满，世间再无什么经历可与之媲美。
- 这种经历最常发生在意义深远的团体敬拜中。

2. 神学的一致性

A. 宣圣会的声音应当在基督教教会这个大群体中有一席之地。

- 这声音表明我们在神学上立场和身份。
- 这声音包含了我们所确信的内容、行动的驱动力、以及在日常生活中如何活出信仰。

B. 以下这些是我们神学一致性的几处根源。

- 圣经：我们相信，圣经是我们建立在基督里的身份的根基和关键。
- 基督教历史传统：我们接纳并庆祝这具有2000年历史的正统教导，这教导源自自于各种不同的基督徒传统。
- 理性：我们相信神的灵透过我们的思维智力做工，并赐给我们慎思明辨的心。
- 个人经验：我们相信，在跟随基督的个人和团体生命中，神不仅在他们心中做工，也透过他们做工。

C. 以下这些信条给予我们神学一致性。

- 我们是基督徒
  - 我们宣信耶稣基督是神的儿子。
  - 我们宣信基督是三位一体神的第二个位格。
  - 我们持守基督教教会的正统信经和传统。
- 我们是新教徒。
  - 我们相信，称义是靠着恩典，惟独透过信心，以致得救。
  - 我们高举圣经的权威。

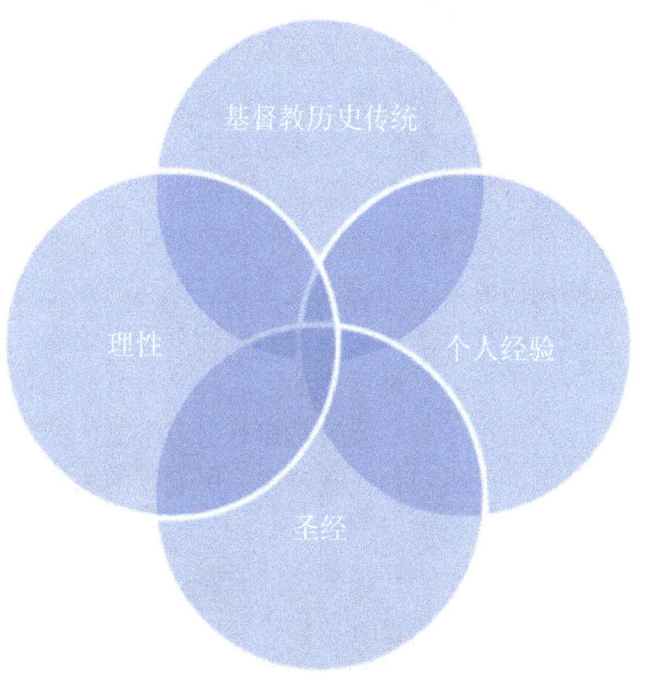

神学一致性的源头

- 我们相信所有的信徒皆为祭司。
- 我们宣告讲道是敬拜经验的核心部分特点，并在教会平台的中心位置设立讲台。
- 我们相信圣灵的恩赐是在基督的身体里分赐给了所有的信徒。
- 我们是福音派教会。
    - 我们相信，透过罪得赦免以及我们的品格被转化成基督的样式，我们与耶稣基督建立个人关系是可行的和必要的。
    - 我们相信，藉着被转变了的生活方式可以见证出我们的信仰。
- 我们是卫斯理宗。
    - 我们相信神的基本属性——"神就是爱"（约翰福音4：8），是所有神学建构所围绕的核心。
    - 我们相信为了寻求与神建立有意义的关系，人类运用其自由意志来达到这一点。
    - 我们相信神向人类施行恩典和怜悯。
    - 我们相信神的先在恩典在人还未意识到之前就已经临到那人，保守那人避免更深地陷入罪中，并将他或她挽回到神面前。
    - 我们相信神寻找、赎回、拯救、洁净，同时，丰富的恩典运行在人里面，使他/她成为神的儿女，在基督徒的信心历程中不断赐与他/她胜利。
    - 我们积极地相信恩典能打破在人生命中罪的能力，使一个人从罪人转变为一个愿意以爱的心灵顺服主的神的儿女。
- 我们相信圣洁和成圣在今生真实可行。
- 我们相信圣灵的见证。
    - 我们相信罪得赦免的确据。这确据使人知道他/她的罪已被神赦免，且使人不断地意识到耶稣基督的宝血持续遮盖过去的罪，并带来每日的得胜。
    - 我们相信圣灵的引导。这引导让人在每日的生活决策上蒙神引领。神的圣灵以提醒和查验的方式带领他的儿女，为其人生的历程指出方向。

D. 我们相信圣洁的生活包括四个基本层面：

- 基督的形像——当我们愿意随时配合神在我们心里的工作，圣灵的工作就会把我们日益更新成耶稣的形像。"所以在基督里若有什么劝勉，爱心有什么安慰，圣灵有什么交通，心中有什么慈悲怜悯，你们就要意念相同，爱心相同，有一样的心思，有一样的意念，使我的喜乐可以满足"（腓利比书2：1，2）。
- 生活方式——为着圣洁的目的被分别出来，要在世界里作神的工作。"我不求你叫他们离开世界，只求你保守他们脱离那恶者。他们不属世界，正如我不属世界一样。求你用真理使他们成圣；你的道就是真理"（约翰福音17：15-17）。
- 试探以及做选择的能力——拥有不向瘾癖、肉体的欲望以及那恶者屈服的能力，单单降服于神的大能，过圣洁的生活。"并且照明你们心中的眼睛，使你们知道他的恩召有何等指望，他在圣徒中得的基业有何等丰盛的荣耀；并知道他向我们这信的人所显的能力是何等浩大，就是照他在基督身上所运行的大能大力，使他从死里复活，叫他在天上坐在自己的右边"（以弗所书1：18-20）。
- 圣灵的果子——神纯全的爱彰显为仁爱、喜乐、和平、忍耐、恩慈、良善、温柔、信实和节制。"爱里没有惧怕；爱既完全，就把惧怕除去，因为惧怕里含着刑罚，惧怕的人在爱里未得完全"（约翰一书4：18）。

E. 我们相信中道——中间道路。我们在许多问题上试图避免两极极端化。只要可能，我们会较少专注于极端特例，而更多地注重居中平衡。

3. 去热忱地传福音

去热忱地传福音是我们对耶稣赐予人类的爱和恩典的回应。宣圣会就是来自于热忱的福音布道。传福音一直是我们的灵魂。宣圣会的第一任总监督，芬尼·布劳基（Phineas Bresee）呼吁福音布道时说："我们欠了福音的债，我们怎样领受了福音，就当怎样把福音传给每一个人。"我们注重帮助人们在耶稣基督里找到个人得救的信心。

A. 耶稣是热心传福音的典范：

- "他看见许多的人，就怜悯他们，因为他们困苦流离，如同羊没有牧人一般。于是对门徒说：'要收的庄稼多，作工的人少。所以你们当求庄稼的主，打发工人出去收他的庄稼'"（马太福音9：36-38）。
- 耶稣说："你们岂不说'到收割的时候还有四个月'吗?我告诉你们：举目向田观看，庄稼已经熟了，可以收割了"（约翰福音4：35）。

B. 耶稣委派我们去热心地传福音：

- "他又对他们说：'你们往普天下去，传福音给万民听'"（马可福音16：15）。
- 又对他们说："照经上所写的，基督必受害，第三日从死里复活，并且人要奉他的名传悔改、赦罪的道，从耶路撒冷起直传到万邦"（路加福音24：46-47）。

C. 去热心地传福音是由耶稣所发起推动的：

- "这天国的福音要传遍天下，对万民作见证，然后末期才来到"（马太福音24：14）。
- 盗贼来，无非要偷窃、杀害、毁坏；我来了，是要叫羊得生命，并且得的更丰盛（约翰福音10：10）。

D. 热心地传福音是圣灵所赋予的能力：

- 他赋予我们活出并见证圣洁的能力，不仅是个人性的也是团体性的。
- "但圣灵降临在你们身上，你们就必得着能力；并要在耶路撒冷、犹太全地和撒玛利亚，直到地极，作我的见证"（使徒行传1：8）。

E. 热心地传福音是从圣灵而来的：

- 他在我们里面的生命，是明显的，多结果子的。
- "圣灵所结的果子，就是仁爱、喜乐、和平、忍耐、恩慈、良善、信实、温柔、节制。这样的事，没有律法禁止。凡属基督耶稣的人，是已经把肉体连肉体的邪情私欲同钉在十字架上了。我们若是靠圣灵得生，就当靠圣灵行事"（加拉太书5：22-23）。

F. 热心传福音会给个人和教会带来新的生命和新的活力。

- 若有人在基督里，他就是新造的人，旧事已过，都变成新的了。（哥林多后书5：17）
- 主将得救的人天天加给他们。（使徒行传2：47）

G. 热心去传福音表达了我们对耶稣的顺服：

- 福音具有转化的大能，而最不容否定的证明之一就是保罗的一生。
- 在他的一个见证中，这位使徒说道："无论是希腊人、化外人、聪明人、愚拙人，我都欠他们的债，所以情愿尽我的力量，将福音也传给你们……我不以福音为耻；这福音本是神的大能，要救一切相信的"（罗马书1：14-16）。

H. 对基督的热爱是我们进入大使命的切入点（马太福音28：19-20）——其后才是我们所受的训练和装备：

- 因此，每个人都应当认识耶稣基督。
- 相应的，每个人，哪怕他/她在技巧或方法上缺少恩赐，都应当满怀热忱地回应，并坚定地分享基督。

I. 神话语的大能使我们情不自禁地跟人分享这救恩的好消息，热心地传福音则带领我们去依靠这大能。

- 我们存着信心查考圣经；然后告诉别人神的话语说了些什么。
- 那些需要与神恢复关系的人们，无论是男人还是女人、男孩还是女孩，福音信息的大能都会对他们的心说话。
- 耶稣为我们提供了榜样。"人子来，为要寻找、拯救失丧的人"（路加福音19：10）。"有一天，耶稣在殿里教训百姓、讲福音"（路加福音20：1a）。

J. 热心地传福音激励我们更完全地认识基督：

- 它表明我们的身份和我们的生活方式。我们对生活的热忱绝不会大过我们对传福音的热忱。对我们来说，活着就意味着传扬福音。
- 它检验证实我们所知道的。正如那位被耶稣医治好的盲人，他简单地见证到，"有一件事我知道，从前我是眼瞎的，如今能看见了"（约翰福音9：25）。
- 它考验我们对拥有这一权利的感恩程度。"你们白白地得来，也要白白地舍去"（马太福音10：8b）。

K. 热心传福音激励我们去门训他人：

- 贯穿一生，当我们分享自己的信心之旅时，我们也是在寻求机会去影响那些我们认识和不认识的人们。
- 对于自己与神之间的关系，每一个跟从基督的人必需满怀激情，这样才会自然地跟别人分享出个人的见证。

L. 热心传福音激发了我们的创造力：

- 工具——举几个例子，例如《耶稣生平》电影、福音球和福音魔方。

- 方法——方法众多，信息一个。
- 策略——大众布道，建立友谊与个人传福音，小组，城市宣教，以及更多。

> 我们欠了福音的债，我们怎样领受了福音，
> 就当怎样把福音传给每一个人。
> ——芬尼·布劳基（Phineas Bresee）

4. 有意识的门徒训练

A. 耶稣呼召教会要有意识地培养造就门徒。

- "所以，你们要去，使万民作我的门徒，奉父、子、圣灵的名给他们施洗。凡我所吩咐你们的，都教训他们遵守，我就常与你们同在，直到世界的末了"（马太福音28：19-20）。
- 教会有一个刻意的方法，用来培养出像基督的门徒。
- 像基督的门徒，就是那些住在基督里、在基督的形象身量上日益成熟，并且效法基督的人。他们舍己，尽心、尽性、尽意、尽力地爱神、顺服神（马可福音12：30，约翰福音15，路加福音9）。
- 有意识的、注重关系的门徒训练，就是帮助人们与耶稣建立起一个顺服的亲密关系。在这些关系中，基督的灵将他们的性格转化成基督的形象——将初信者的价值观转变为天国的价值观，让他们在家中、教会和世人中花时间在别人身上，投入到神的事工中来。

B. 带领人与耶稣基督建立个人关系，这是我们的起点。

- 信心之旅始于：承认自己的罪，并在耶稣基督里靠着恩典、藉着信心得蒙赦免。
- 这些在基督里的新生命是经过重生，并且被接纳到神的家中来的。
- 重生带出一个被改变心灵和生活方式，并且对他们所认识的人见证神的恩典。
- 从一开始，我们就刻不容缓地将这些初信者培养成信心的群体，教导他们得救不是仅仅为了自己，而是为了那些他们将要影响并引领其归向基督的人。他们将成为门徒培养者，培养那些以后要成为门徒培养者的人。

> 有意识的、注重关系的门徒训练，就是帮助人们与耶稣建立起一个顺服的亲密关系。在这些关系中，基督的灵将他们的性格转化成基督的形象——将初信者的价值观转变为天国的价值观，让他们在家中、教会和世人中花时间在别人身上，投入到神的事工中来。

- 门徒训练包括帮助他人更亲密地跟从耶稣。

C. 我们通过强有力的讲台事奉，有意识地培养有基督形象的门徒。

- 我们的牧师传讲指导性的信息--如何让我们的信心在基督里得以成长。
- 我们的牧师以圣经为根基讲道，培养他们的会众不断成长，对圣经有更深的渴慕。
- 我们的牧师让神的话语成为所有门徒训练事工的根基。
- 我们的牧师教导他们的百姓如何研读圣经，并且思想神话语的意义，以及如何在他们的生活中实行出来。
- 在一整年的讲道中，我们的牧师竭力平衡圣经灵粮的传讲和分配。
- 我们的牧师依靠神的圣灵将生命注入他们所做的工，这些事工平衡有序地联结在一起，以此来塑造有基督形象的门徒。
- 耶稣即对对大众讲道，也在一个小组的群体中细致地教导他的门徒。
- 耶稣若不用比喻（故事）就不讲道，以此帮助人学习（马可福音4：34）。

D. 我们推崇那些培养和帮助有基督形象的门徒成长的主日学课程。

- 我们的主日学老师所教导的课程，在解经和圣经生活运用中，都以培养有基督形象的门徒为目标。
- 我们的主日学老师在课堂以外对青年信徒极其关心，回答他们有关基督徒信仰的问题，并鼓励他们在神的恩典中成长。
- 我们的主日学课程体系涵盖了从婴幼儿到中老年的系统课程；它提供了不同层面和循序渐进的材料，以系统有条理的方式来学习整本圣经。"教养孩童，使他走当行的道，就是到老他也不偏离"（箴言22：6）。

E. 我们培养发展能够鼓励成员互助监督的小组查经。

- 小组查经为新信徒和成熟信徒提供了小组和一对一的互助监督关系。
- 在小组中，成员之间的健康关系被培养成为一种朋友之间彼此联络的生活方式，而不只限于日常聚会期间。
- 这些查经小组使学习圣经和社交互动调合在一起，这是在恩典中长进至关重要的环节。
- 门徒培训小组发展成为一个不仅是周日，更是在生活中团结一致的互助支持体系。

F. 我们鼓励通过一个计划周全完善的教会日程表，来帮助有基督形象的门徒在灵性上得以长进。

- 圣经经文背诵比赛。
- 拖车儿童事工。
- 假期圣经学校。
- 圣诞节和复活节传福音活动。
- 慈善事工。
- 面向他人的门徒训练事工。
- 鼓励开展针对男士、女士、老年人、单身人士、特殊需求人士、运动团队、以及各种此类小组的事工，帮助人们与基督和教会建立联系。

G. 我们敦促信徒用各种可行的方式，使他们各人的信心得以长进和成熟。

- 使用研经辅助工具读经；听圣经音频文件。
- 每天祷告。
- 听基督教音乐。
- 阅读基督教文学作品。
- 找一位有责任心的同伴，请他每天为着你能模成基督的形象而祷告。
- 找一位有责任心的同伴，他爱你到一个地步，会问你一些严厉的问题。
- 经常告诉别人神在你生命中成就了何等的事，将其培养成一种操练。

H. 我们鼓励信徒学习每天寻求神的同在。

- 对于基督徒生活最好的描述是：与我们的主、救主耶稣基督之间的一种亲密的个人关系。
- 在有意识地训练门徒越来越有基督的形象上，花时间亲近基督是最好的方式。
- 因此，我们每天聆听基督的声音；我们靠他的道每天得喂养；我们也享受他每天的同在。
- 像基督的门徒主动地寻求基督，并且乐意与他们所接触到的人分享基督。

I. 我们鼓励门徒去有意识地培养门徒。

- 主已经托付我们，并赐我们权柄去培养门徒（马太福音28：19-20）。

> 祷告，神的话语，以及有意识地互相帮助，
> 让我们在教会中成为更加拥有耶稣性情、
> 生机勃勃的门徒。

- 经过祷告，我们可以邀请一位成熟的基督徒对我们有意识地进行门徒训练，或者指导我们。
- 经过祷告，我们可以邀请一小群信徒成为我们门徒训练小组的一部分。
- 我们将自己的生命倾倒在这些门徒身上，和他们一起寻求主。
- 在小组中围绕故事教导圣经，这种方式提供了一个坚实的圣经基础，使门徒能学习圣经并且将圣经的信息传递到他们影响所及的圈子。
- 祷告，神的话语，以及有意识地互相帮助，让我们在教会中成为更加拥有耶稣性情、生机勃勃的门徒。

5. 教会发展

A. 耶稣基督建立了第一个信心团体，基督教教会由他开始。

- 信心团体定期聚会敬拜神。
- 然后藉着保罗和巴拿巴的第一趟宣教旅行中新教会的出现，教会开始生长和倍增（使徒行传13-14）。

B. 保罗带着植堂的计划展开第二趟宣教旅行，然而圣灵却把他带入一个不同的方向（使徒行传16）。

- 为着神的事工，我们必须常常向神所赐的新异象敞开自己，并且让他的圣灵来引导。
- 保罗有一个异象。这异象不是来自他人或者某个社会调查。它来自神的心意。我们植堂的异象同样必须来自神的心意。
- 保罗的异象中有一个人。这异象不是一幅蓝图、一套策略、一个口号、一张流程图或者一组程序。保罗的异象关注的是失丧的人类。我们植堂的异象必须清晰，持续关注在那些亟需与耶稣基督建立关系的失丧的人身上。
- 保罗的异象中有一个马其顿人。这个人有其特定地域、文化、语言和历史背景。神也要赐给我们一个有关特定人群或团体的异象。我们需要找到这个群体并顺服神赐给我们的异象。
- 保罗的异象中有一个马其顿人站在那里。这个人不是比保罗次等。我们彼此平等。那位我要传福音给他的人配得我的尊重。
- 保罗的异象中有一个马其顿人站在那里呼求。"请你过来帮助我们！"这个异象驱动着我们。我们必须走进我们的城市、地区、宗族、部落和家庭。

我们必须把基督带给我们的世界。

C. 为了教会的发展，当神逐步向保罗显明他的计划时，他的异象也持续不断地有属天带领。

- 那个马其顿人后来是以一个女人出现的。对这个事奉机会，腓利比的吕底亚是最愿意接受的人。
- 在一群河边祈祷的妇女中，保罗找到了接受能力最强的聆听者。
- 与先前用犹太会堂来开拓教会的方法不同，保罗这次在一个家庭里展开事工。
- 吕底亚，一个卖昂贵的紫色布匹的商人，是她带领着这个家庭教会。
- 教会拓展策略不一定总是会套用先前适用的模式。

D. 教会植堂需要付上巨大的牺牲。

- 保罗和西拉的事奉使他们陷入牢狱。他们甘愿付上个人代价。当他们为着神的缘故而受苦

- 时，他们唱诗赞美神（使徒行传16：25）。
- 今天，教会领袖和耶稣的跟从者为了建立教会付上了同样的代价。建立新的教会需要长期的祷告、泪水、劳苦、努力、金钱，有时候还要流血。
- 尽管保罗和西拉个人承受了艰难，但一个新的家庭教会却因此而萌芽，腓利比监狱的禁卒成了教会的新牧者。

E. 我们必须活在神的同在中，才能在任何的境遇中都感受到他圣灵的同在。

- 保罗和西拉不仅不把他们所受的鞭打和在监狱中度过的长夜视为个人的损失。相反，无论环境何等不利，他们都能感受到神的灵所带给他们得胜。
- 保罗和西拉知道他们被神的圣灵所引领；他们知道他会亲自看顾他们。
- 地震毁坏了腓利比的监牢，这件事提醒我们，哪怕在这样的处境中，神仍在介入（使徒行传16：25-26）。当我们的事奉陷入困境时，他绝不会忘记我们。
- 当我们顺服主，遵行他的旨意时，在神看为合适的时间，主会用他伟大的权能干预其中。当恶者抵挡神国度的扩张时，最终还是神敲槌定音。
- 神国度的建立或推进不是靠我们自己；乃是神建立他的国度。

在宣圣会，我们对教会的定义如下：任何团体，只要定期聚会，并提供属灵的喂养、敬拜、或在一个公开的时间和地点进行教导，有一位公认的领袖，并且与宣圣会的信息及使命保持一致，就可以被称为一个教会，并且可以如此上报于教区和总会（总监督委员会）的统计记录。换句话说，一个教会指的是一群信徒，而非一幢建筑物或一份地产。

F. 教会发展策略在教会历史中曾不断发生改变。

- 基督教会在最初的400年的历史中没有建造过教会建筑。
- 专门奉献给教会使用建筑物、地产和全职牧者这些概念是后来才出现的。
- 圣灵现在正在带领教会以新的方式进行教会繁殖。
- 每个教会都应当建立子教会。
- 这些子教会聚在家里或者其他合适的地点。
- 每个牧师指导一位正在接受牧职培训的带职牧师。
- 以这种模式建立子教会不需要启动资金；平信徒可以回应神的呼召协助建立新教会。
- 这种模式让神可以在全世界新的地方建立他的教会。神需要的是愿意接受的心去抓住这异象，回应呼召，并让神来带领。

G. 教会发展的目的是要为耶稣基督接触到新的人群。

- 耶稣说："我也必须在别城传神国的福音，因我奉差原是为此"（路加福音4：43）。
- 我们是神国度的使者，为了教会的发展献上我们的人生。
- 我们的服侍和劳作不是为了维持一个机构。

- 我们的希望是让尽可能多的人来领受耶稣基督救恩的信息。
- 我们希望接下来对这些初信者进行门徒训练，使他们逐渐拥有基督的形象。
- 耶稣说："我告诉你们，举目向田观看，庄稼已经熟了，可以收割了"（约翰福音4：35）。

6. 带有转变性的领导力

A. 我们寻求透过一些满有基督形象的榜样和示范，使我们的领袖们得以成长。耶稣就是我们的榜样。

一个带有转变力量的领袖是一名拥有基督形象的领袖

B. 带有转变力量的领袖是顺服而谦卑的。

- 他们效法耶稣基督顺服天父的旨意（腓利比书2：5-8）。
- 他们完全依靠神来回应他们的祷告并供应他们一切所需（约翰福音15：7）。
- 他们顺服他人的权柄，并较少考虑到自己。（以弗所书5：21）。

C. 带有转变力量的领袖是仆人。

- 他们效法耶稣基督的榜样，他不是要受人服侍，乃是要服侍人（马可福音10：45；马太福音20：28）。
- 他们是以这种仆人的精神和态度来带领（腓利比书2）。

D. 带有转变力量的领袖是有异象的人。

- "没有异象，民就放肆"（箴言书29：18和合本）。
- "他对我说：'将这默示明明地写在版上，使读的人容易读'"（哈巴谷书2：2和合本）。
- 耶稣描绘了神国度的异象，我们必须用人人都能清楚明白的方式来描绘这同一个异象。
- 这种特质是跟从者和领袖的区别所在。有异象的领袖为教会和会众寻求神的异象，并向他人传递这异象。

E. 带有转变力量的领袖具有战略性思考。

- 他们具有向他们的团体诠释异象的能力，让这异象成为神国度的利器。
- 像以萨迦支派那样，他们了解我们这个时代的处境，并找到了圣经的答案（历代志上12：32）
- 他们在异象中看到那些为着神的国度而必须赢得的灵魂。
- 他们把异象化为具体的行动步骤，促使信徒进入丰收的禾场。
- 他们能够把异象和使命转化为简单有效的国度蓝图（路加福音14：28-30）。

F. 带有转变力量的领袖是团队建造者。

- 耶稣是我们的榜样；他建造团队并赋其权能，而非在所有的事工上亲力亲为（马太福音10）。
- 耶稣的门徒都是普通人，但他们却翻转了世界（使徒行传17：6）。
- 带有转变力量的领袖会建造一个团队，让教会的每个成员都参与到神国度的事工中。

G. 带有转变力量的领袖满有怜悯，洞察敏锐，懂得分寸、界限分明。

- 当耶稣让他的门徒开始福音事工时，他教导他们要"灵巧像蛇，驯良像鸽子"（马太福音10：16）。
- 带有转变力量的领袖必须知道如何在恩典和律法、公义和怜悯上保持平衡，并在一切事上都以圣洁行事。
- 他们必须在做决策时有智慧，在合宜地持守决策时有定见。
- 然而，他们的决策必须以怜悯来调和。
- 他们必须用爱心说诚实话（以弗所书4：15）。

H. 带有转变力量的领袖的表达是清晰的。

- 在耶稣早期的事工中，他常常说，一个人"有耳可听的，就应当听"（马太福音13：43）。耶稣要他的跟从者坚持不断地聆听。
- 带有转变力量的领袖必须力求像耶稣基督那样清晰、准确地说话。
- 带有转变力量的领袖知道清晰、前后一致、引人入胜的表达有多么重要："若吹无定的号声，谁能预备打仗呢？"（哥林多前书14：8）。

I. 带有转变力量的领袖授权他人，培养能在国度中进行带领的下一代。

- 约书亚的带领方式没能培养下一代领袖；他只带领了他那一代人（士师记2：10）。
- 带有转变力量的领袖不为守着自己的权力建造帝国；他们不仅训练这一代，同时也训练下一代。
- 为了神的国度，他们找出具有领袖潜质的人、培养他们，并建立导师团队来装备、鼓励并赋予他们力量，给他们充分的自由去带领。
- 没有后继之人的领袖是失败的带领。"你在许多见证人面前听见我所教训的，也要交托那忠心能教导别人的人"（提摩太后书2：2）。

7. 满有目标的慈善事工

A. 满有目标的慈善事工彰显了神仁爱的心。

- 神差遣他的儿子降世并为人受死，是神仁爱慈悲极致的礼物。
- 约翰福音3：16-17告诉我们，神因着他满溢的爱，将他的儿子赐给我们，让我们可以有永生。与此相似，约翰壹书3：16-17告诉我们，神对人类的爱籍着信徒真诚的举动体现出来，这举动就是向着神的受造物大显恩怜。
- 耶稣的生活、事奉、受死和复活，描绘出独一的那位因着爱为他人和整个世界而所做的一切（马太福音9：36）。

B. 满有目标的慈善事工总是奉耶稣的名成就的。

- 耶稣是我们慈善关怀的榜样。在福音书中，耶稣在他的里面动了慈心，与人"一同受苦"。
- 对穷人、失丧的人、病人、被人歧视排挤的人和弱势人群，耶稣特别容易在爱和关切中动慈心。
- 作为完全的神，也是完全的人，耶稣是我们如何生活、如何去爱的榜样。

> 我们所行的每一个服侍、
> 慷慨或怜悯的动作都是奉耶稣的名，
> 我们竭力付出为要彰显耶稣的爱。

C. 满有目标的慈善事工尊重每一个人的尊严。

- 神的子民奉耶稣的名带给人盼望、爱和帮助，这其中调和着对每一个人的尊重，因为每一个人都是按照神的形象被神所造。
- 除了让神在基督里的爱不断延展以外，慈惠事工再无其它目的。

D. 满有目标的慈善事工是从被改变的信徒生命中自然流淌出来的。

- 教会蒙召要在世人中间将神自己的爱和怜悯身体力行地活出来。
- 慈善事工绝非单靠人类的努力或者社会行动所能达成。
- 作为基督的身体，慈善事工的呼召以一个全方位的方式触及到生命的每一个层面，这个方式是以耶稣生命和圣灵引导所建构的。
- 圣灵改变信徒的心灵，作为结果，信徒又以行动为我们的世界带来身体上、社会上和灵性上的转变。
- 在每一个教会的生活和事奉中，恩慈的心都应是必需和活跃的。

E. 满有目标的慈善事工是我们卫理宗对于全方位使命的定义。

- 我们被父神所差遣，从圣灵得能力，进入世人当中去爱主并服侍主。
- 我们相信天父已经藉着圣灵的大能在每个人生命中动工，我们也蒙召来同协助这善工。
- 真正的传福音带出呼召和委身，让我们走进并参与到那些在我们身边的生命。
- 我们奉耶稣的名靠近受苦和伤心的人，并且寻求给穷人、被人歧视排挤的人和弱势群体带来医治、盼望、和平和爱。
- 在一个充满爱的友谊和群体中，我们彼此靠近，从而产生社会效应。这也是神如何建立和拓展基督身体的方式。

F. 满有目标的慈善事工从我们的生命中流出，是我们委身于神的使命的一个体现。这使命就是神要赎回这个破碎世界。

- 我们寻求看神所看，听神所听，并对那些破碎和受伤的人类以神回应的方式去回应。
- 我们设法把能找到的全部资源用在减轻人类的苦难上，并寻求神在恢复、成全、救赎及和平上对世人的计划。
- 更进一步，我们力图修补这个社会体系的循环。这体系缔造了不公正的架构，从而在我们的世界中导致使人受压迫和系统性罪恶。我们是奉耶稣的名如此行。
- 我们希望藉着所行的一切，使主的使命得以成就，并荣耀神的名（弥迦书6：8）。

我们的卫斯理神学
变化之恩的神迹

"恩典大过我罪。"多么奇妙的思想！而这恰是圣歌的第一行。

在耶稣里，神道成了肉身，并且果敢行动让世人与他自己和好（约翰福音3：15-16；罗马书1：1-16）。当我们还是罪人的时候，神就赐下了他的儿子为人的罪"作挽回祭"（罗马书3：25）。创造万有的主背负了世人的罪，为我们所有的人赐下救赎！

在基督耶稣里，神的义——他的救恩——显明出来（罗马书3：21）。若没有这个拯救行动，全人类都将毫无指望地与神隔绝（以弗所书1：5-2：10）。如今，所有使我们与神隔绝的权势都已被打败（歌罗西书2：15）。现在，"因信耶稣基督"（罗马书3：22），我们得了释放（罗马书8：2）！

新约成了一首向神不断献上赞美的诗歌，正是这位神，将他的丰富厚赐给了我们（以弗所书1：6-10）。神一切的丰盛都有形有体地居住在基督里面，并且凡接待基督的人要进入在基督里的丰盛（歌罗西书2：8-15）。查验过神恩典的益处之后，保罗宣告说："深哉！ 神丰富的智慧和知识"（罗马书11：33）。

有一些的丰盛是显而易见的，诸如：罪得赦免，圣灵内住，模成基督的形象，永生，与神和好，成圣，教会团契，以及主再临的盼望。

当耶稣讲道的时候，众人所听到的是实在的"好消息"，也就是说，神白白地让罪人与他和好。就连可恶的税吏和在行淫时被捉住的妇人，这样的人如果听到神的爱而悔改，都能得着赦免并领受永生。对那些知道自己行善一无能力，不配得神喜悦的人，神就将他自己白白地赐给他们（路加福音15）。

我们意识到这一点之前，圣灵早就在动工，要吸引我们进入救恩。诗人说，神的声音无处不在（诗篇19：3）。保罗告诉我们，每时每刻，所有的被造物都靠着基督而得以存在（歌罗西书1：15-17）。约翰宣告说，基督照亮每一个人（约翰福音1：9）。

因着惟独神才有的创造性和信实，圣灵在个人生命中和社会历史中的运行，为福音开辟了道路。在福音被清楚地宣讲出来以及让人预备聆听（有可能领受）这大好的消息之前，圣灵就在运行。

回顾过去，所有的基督徒都能找到一种圣灵带领他们进入基督教救赎的模式。我们把这种神恩典的预备性维度称为"先行恩典"，或者在人接受救恩之前的预先恩典。

神施恩是为了我们。神藉着他的儿子所成就的每一件事，他如今藉着圣灵赐给我们。一切受造之物都实实在在从父在他儿子里面所成就的救恩而得益处（罗马书8：19-25）。

神确实赦免罪人并让罪人与他和好的满有恩惠的行为，我们称之为称义。称义（得以归回神的恩宠）是本乎恩，且单单因着信。

称义不过是神拯救工作的一个维度。第二个益处是神的灵确实内住在悔改的罪人里面，从而建立神的生命。他或她得着新生——被神的灵重生。新约称这种属灵生命的新发生为新造，一个新的出生，从上头生的，永生，神国度的入口，步入新生，在灵里的生命。

不论用何种语言，藉着神恩典的神迹，圣灵实实在在内住在基督徒的里面，并且产生变化的果效。曾经在何处是死亡，如今在那里就有生命；争战之地如今有了与神的和平；绝望之地有了盼望。新约宣告："若有人在基督里，他就是新造的人，旧事已过，都变成新的了。一切都是出于神"（哥林多后书5：17-18a）。

新约称基督徒是"在基督里"的人以及有基督在他们里面的人。一方面，基督徒如今与神和好是因着信心他们"在基督里"（罗马书8：1），悔改的罪人在他里面与父重新和好。

然而新约也讲到基督在我们里面成了"有荣耀的盼望"（歌罗西书5：22-23）。复活的基督藉着圣灵将他的生命——他自己——分赐给他的百姓。他住在他们里面，在他们生命中结出圣灵的果实（加拉太书5：22-23）。

"然而"，有人会问，"作为一名基督徒，现实生活中我可以期待过一种怎样的属灵生活呢？犯罪的旧习惯岂不是仍然牵引着我，控制着我的生活吗？或者说，神的灵如今在我里面能带出一个更好的生活吗？"新约如此回答："那在你们里面的，比那在世界上的更大"（约翰壹书4：4）。

那使耶稣基督从死里复活——也叫他胜过死亡、地狱、罪和坟墓的大能——如今也藉着圣灵在我们里面运行（以弗所书1：19）！过去是顺从罪和死的旧律，但如今"赐生命圣灵的律，在基督耶稣里释放了我，使我脱离罪和死的律了"（罗马书8：2）。

所有基督徒的喜乐是源自于圣灵的充满，他们不是随从肉体活着，而是随从圣灵而活（罗马书8：1-8）。在你的生命中，你个人经历过神变化之恩的神迹吗？

"重塑变化之恩的神迹"这个说法来自《反照神研读圣经》2000年版。圣经版权由Beacon Hill Press of Kansas City的Zondervan Corporation and Essay所有。版权所有，由出版商授权使用。

宣圣会教会

信条

为了保存神所赐的产业,就是那曾交付众圣徒的信仰,特别是全然成圣作为恩典的第二次工作的教义和经历,同时,为了能有效地与耶稣基督其他的教会携手合作,同心在地上拓展神的国度,宣圣会的牧师与信徒,依据所订立的原则,特此制定、采用并阐释下列"信条"、"一般教规"与"组织与治理体制",作为宣圣会的基本法规和会章:

一 三位一体的神

我们信神是永远长存、无限无量、宇宙之创造主宰与供应者;他是独一的真神,他的性质、属性和旨意全然圣洁。圣洁与光明之爱的神,他的本质存在是三位一体,显现为圣父、圣子和圣灵。

(创世纪1;利未记19;2;申命记6:4-5;以赛亚书5:16;6:1-7;40:18-31;马太福音3:16-17;28:19-20;约翰福音14:6-27;哥林多前书8:6;哥林多后书13:14;加拉太书4:4-6;以弗所书2:13-18;约翰壹书1:5;4:8)

二 耶稣基督

我们信耶稣基督,三位一体神之第二位,他永与父合为一,藉圣灵感孕,道成肉身,由童贞女马利亚所生,因此两个完整、完全的性质,也就是神性与人性合为一个位格,即是完全的神,也是完全的人。我们相信耶稣基督为我们的罪死,并且真正地从死里复活,带着肉身和完美的人性一同升到天上,在那里为我们代求。

(马太福音1:20-25;16:15-16;路加福音1:26-35;约翰福音1:1-18;使徒行传2:22-36;罗马书8:3,32-34;加拉太书4:4-5;腓利比书2:5-11;歌罗西书1:12-22;提摩太前书6:14-16;希伯来书1:1-5;7:22-28;9:24-28;约翰壹书1:1-3;4:2-3,15)

三 圣灵

我们信圣灵,三位一体之第三位,他永远与基督的教会同在,并有效地运行在教会中,叫世人知罪,使悔改和相信者重生,使信徒成圣,引导人进入一切在耶稣里的真理。

(约翰福音7:39;14:15-18,26;16:7-15;使徒行传2:33;15:8-9;罗马书8:1-27;加拉太书3:1-14;4:6;以弗所书3:14-21;帖撒罗尼迦前书4:7-8;帖撒罗尼迦后书2:13;彼得前书1:2;约翰壹书3:24;4:13)

四 圣经

我们信圣经完完全全是神所默示,因此我们明白由神所默示的新旧约66卷书,无误地向我们显明了一切与我们救恩相关所需的神的旨意。因此,凡圣经上没有记载的,皆不包含于我们的信条内。

（路加福音24:44-47；约翰福音10:35；哥林多前书15:3-4；提摩太后书3:15-17；彼得前书1:10-12；彼得后书1:20-21）

五 原罪与个人的罪

我们信罪由人类始祖的不顺服进入世界，罪带来了死亡。我们信罪有两种：原罪；及本罪或个人的罪。

我们信原罪，或堕落，是指所有亚当后裔本性的败坏，由此使人人远离始祖被造时之公义纯洁，违背神，没有属灵的生命，倾向罪恶，并且一直延续下去。我们又信原罪继续存在重生者的生命中，直到受圣灵的洗后，心中完全洁净。

我们信原罪与本罪之不同。原罪使人承袭了天生败坏的习性而犯下本罪。人对于与生俱来之败坏习性并无责任，但人若忽略或拒绝神预备的救恩，就被定为有罪了。

我们信本罪或个人的罪，是指一个有道德责任的人，明知神的律法而故意犯的罪。所以它不应和无心及无可避免的缺点、体弱、过失、错误、失败，或其他达不到完美标准的行为混为一谈。后者是始祖堕落带来的残留效应。然而，此种无辜的效应并不包括与基督的精神相反的态度或反应，这种罪应称为灵性之罪。我们信个人的罪主要是在本质上违背了爱的律。以与基督的关系而言，罪的定义就是不信。

（原罪：创世纪3；6:5；约伯记15:14；诗篇51:5；耶利米书17:9-10；马可福音7:21-23；罗马书1:18-25；5:12-14；7:1-8:9；哥林多前书3:1-4；加拉太书5:16-25；约翰壹书1:7-8 个人的罪：马太福音22:36-40；约翰壹书3:4；约翰福音8:34-36；16:8-9；罗马书3:23；6:15-23；8:18-24；14:23；约翰壹书1:9-2:4；3:7-10）

六 赎罪

我们信，耶稣基督藉受苦、流血、钉死在十字架上，为全人类的罪成就完全的赎罪，这赎罪是救恩唯一的根基，足使每一个亚当的后裔因而得救。耶稣赎罪的恩典，对无行为能力之人、无知的孩童都是有效的，但对那些已达可对自己行为负责任年龄之人而言，只有悔改并相信，救恩才是有效的。

（以赛亚书53:5-6, 11；马可福音10:45；路加福音24:46-48 约翰福音1:29；3:14-17；使徒行传4:10-12；罗马书3:21-26；4:17-25；5:6-21；哥林多前书6:20；哥林多后书5:14-21；加拉太书1:3-4；3:13-14；歌罗西书1:19-23；提摩太前书2:3-6；提多书2:11-14；希伯来书2:9；9:11-14；13:12；彼得前书1:18- 21；2:19-25；约翰壹书2:1-2）

七 先行恩典

我们信，神照着自己的形象造人，包括给人有分辨是非的能力，因此，人有道德责任。他们因着亚当的堕落而堕落，以致如今无法靠自己天然的力量回转、预备行善相信，并求告神。然而，我们也信神藉着耶稣基督将恩典白白地赐给一切的人，使凡愿意离罪转向公义的人，因信耶稣基督，罪蒙赦免与洗净，行各样讨神喜悦的善事。

我们信所有的人，虽具有重生和全然成圣的经验，仍会从恩典中跌倒或者放弃信仰，除非他们悔改，否则将无望地永远沉沦。

（"神的形象"和"道德责任"：创世纪1:26-27；2:16-17；申命记28:1-2；30:19；约书亚记24:15；诗篇8:3-5；以赛亚书1:8-

10；耶利米书31:29-30；以西结书18:1-4；弥迦书6:8；罗马书1:19-20；2:1-16；14:7-12；加拉太书6:7-8

"天然无力"：约伯记14:4；15:14；诗篇14:1-4；51:5；约翰福音3:6a；罗马书3:10-12；5:12-14，20a；7:14-25

"白白的恩典"和"信心的工作"：以西结书18:25-26；约翰福音1:12-13；3:6b；使徒行传5:31；罗马书5:6-8，18；6:15-16，23；10:6-8；11:22；哥林多前书2:9-14；10:1-12；哥林多后书5:18-19；加拉太书5:6；以弗所书2:8-10；腓利比书2:12-13；歌罗西书1:21-23；提摩太后书4:10a；提多书2:11-14；希伯来书2:1-3；3:12-15；6:4-6；10:26-31；雅各书2:18-22；彼得后书1:10-11；2:20-22）

八 悔改

我们信所有在行为和意念上得罪神的人，都需要悔改。所谓悔改，就是诚意彻底改变心中的罪念，包括个人的罪并愿意离弃罪。神的灵要帮助一切愿意悔改的人，使他们有悔改的心及蒙怜悯的盼望，因信罪蒙赦免，得着属灵的生命。

（历代志下7:14；诗篇32:5-6；51:1-17；以赛亚书55:6-7；耶利米书3:12-14；以西结书18:30-32；33:14-16；马可福音1:14-15；路加福音3:1-14；13:1-5；18:9-14；使徒行传2:38；3:19；5:31；17:30-31；26:16-18；罗马书2:4；哥林多后书7:8-11；帖撒罗尼迦前书1:9；彼得后书3:9）

九 称义、重生与成嗣

我们信称义是神的恩典与司法的行为，藉此，他向所有相信耶稣基督且接受他为主和救主的人，赐下充分赦罪的恩典，使他们得以完全脱离罪的刑罚，称他们为义。

我们信重生或新生是神恩典的作为，使悔改的信徒的道德本性得到属灵的复苏，获得独特的属灵的生命，得以有信心、爱心与顺服的心志。

我们信成嗣是出于神恩典的作为，藉此称义与重生的信徒，得以成为神的儿女。

我们信称义、重生和成嗣在寻求神的人身上是同时产生的经验。要获得这些经验，必先悔改，然后相信，并有圣灵的工作和恩典作为的见证。

（路加福音18:14；约翰福音1:12-13；3:3-8；5:24；使徒行传13:39；罗马书1:17；3:21-26，28；4:5-9，17-25；5:1，16-19；6:4；7:6；8:1，15-17；哥林多前书1:30；6:11；哥林多后书5:17-21；加拉太书2:16-21；3:1-14，26；4:4-7；以弗所书1:6-7；2:1，4-5；腓利比书3:3-9；歌罗西书2:13；提多书3:4-7；彼得前书1:23；约翰壹书1:9；3:1-2，9；4:7；5:1，9-13，18）

十 基督徒的圣洁与全然成圣

我们信成圣是神的工作，为了转变信徒有基督的形象。这是因着神的恩典，并经由圣灵在初始成圣或是重生（同时得以称义）、全然成圣、持续达到完全并最终得到荣耀时所做成的。在得荣耀之时我们得以合于圣子的形象。

我们信全然成圣是神在信徒重生后的工作，藉此信徒得以脱离原罪（或称堕落），进入对神全然奉献的境地，使因爱而产生之圣洁顺服得以完全。

全然成圣是藉圣灵的洗或作圣灵的充满所达成的，包括洗除心中的罪并带来圣灵的内住同在，使信徒生活服事有能力。

全然成圣是靠耶稣的宝血，在信徒全然奉献后，本乎恩藉信心顷刻间获得的，并有圣灵为此工作和恩典的情境做见证。

这种成圣的经验另有各种不同的名称，表明其不同的层面，诸如："基督徒的完全"、"完全的爱"、"心灵的纯洁"、"圣灵的洗或作圣灵的充满"、"全备的福份"以及"基督徒的圣洁"。

我们信一个"洁净的心"与一个"成熟的性格"是显然有别：前者是即时获得的，为全然成圣的结果，而后者是在恩典中长进的结果。

我们信全然成圣的恩典包含了在恩典中成长神圣的冲动力，以成为像基督的门徒。然而，这种动力必须自觉地培养，并且谨慎地留意灵性发展的先决条件和过程，以及在性情和人格上更像基督。若没有这种意向分明的努力，一个人的见证可能会因此受亏损，恩典本身也将挫败，而终告流失。

参与受恩之道，特别是团契生活、门徒造就以及教会礼仪，使信徒能够在恩典中以及在全然爱主与爱邻舍的心意中成长。

（耶利米书31:31-34；以西结书36:25-27；玛拉基书3:2-3；马太福音3:11-12；路加福音3:16-17；约翰福音7:37-39；14:15-23；17:6-20；使徒行传1:5；2:1-4；15:8-9；罗马书6:11-13, 19；8:1-4, 8-14；12:1-2；哥林多后书6:14-7:1；加拉太书2:20；5:16-25；以弗所书3:14-21；5:17-18, 25-27；腓利比书3:10-15；歌罗西书3:1-17；帖撒罗尼迦前书5:23-24；希伯来书4:9-11；10:10-17；12:1-2；13:12；约翰壹书1:7, 9）

（"基督徒的完全""完全的爱"：申命记30:6；马太福音5:43-48；22:37-40；罗马书12:9-21；13:8-10；哥林多前书13；腓利比书3:10-15；希伯来书6:1；约翰壹书4:17-18

"内心的洁净"：马太福音5:8；使徒行传15:8-9；彼得前书1:22；约翰壹书3:3

"圣灵的洗"：耶利米书31:31-34；以西结书36:25-27；玛拉基书3:2-3；马太福音3:11-12；路加福音3:16-17；使徒行传1:5；2:1-4；15:8-9

"全备的福分"：罗马书15:29

"基督徒的圣洁"：马太福音5:1-7:29；约翰福音15:1-11；罗马书12:1-15:3；哥林多后书7:1；以弗所书4:17-5:20；腓利比书1:9-11；3:12-15；歌罗西书2:20-3:17；帖撒罗尼迦前书3:13；4:7-8；5:23；提摩太后书2:19-22；希伯来书10:19-25；12:14；13:20-21；彼得前书1:15-16；彼得后书1:1-11；3:18；犹大书20-21）

十一 教会

我们信教会是承认耶稣基督为主的团体，在基督里与神立约的更新之民，他们是基督的身体，藉神的话，被圣灵召聚在一起。

神呼召教会经由表达其生命在灵里的合一和团契；经由在敬拜中传扬神的话、守圣礼、奉他的名服事；经由顺服基督、圣洁生活及互守本份尽责任等方式来表达其生命。

教会在世界的使命，是在圣灵的能力里，分享基督救赎与和好的工作。教会经由门徒造就并借着传福音、教育、彰显慈惠、为公义而努力以及见证神的国度，来完成神所交付的使命。

教会是历史的实体，依文化制约的型态而组成，其存在有地方性的会众，并有宇宙性的肢体；差派蒙神呼召的人做特别的事工。神呼召教会遵守他的典章而活，同心等候主耶稣基督的最后再临。

（出埃及记19:3；耶利米书31:33；马太福音8:11；10:7；16:13-19, 24；18:15-20；28:19-20；约翰福音17:14-26；20:21-23；使徒行传1:7-8；2:32-47；6:1-2；13:1；14:23；罗马书2:28-29；4:16；10:9-15；11:13-32；12:1-8；15:1-3；哥林多前书3:5-9；

7:17；11:1，17-33；12:3，12-31；14:26-40；哥林多后书5:11-6:1；加拉太书5:6，13-14；6:1-5，15；以弗所书4:1-17；5:25-27；腓利比书2:1-16；帖撒罗尼迦前书4:1-12；提摩太前书4:13；希伯来书10:19-25；彼得前书1:1-2，13；2:4-12，21；4:1-2，10-11；约翰壹书4:17；犹大书24；启示录5:9-10）

 ## 十二 洗礼

我们信基督徒的洗礼是我们主的命令，表明接受耶稣基督赎罪益处的一种圣礼，有助于信徒并使之宣告他们对基督的信心，认耶稣为他们的救主，愿全心顺服圣洁与公义。

洗礼是新立约的表征，在父母或监护人提出保证，给予必要的基督徒教育之后，儿童可以受洗。

洗礼可依申请人之选择给予施行点水、洒水或浸礼。

（马太福音3:1-7；28:16-20；使徒行传2:37-41；8:35-39；10:44-48；16:29-34；19:1-6；罗马书6:3-4；加拉太书3:26-28；歌罗西书2:12；彼得前书3:18-22）

 ## 十三 主餐

我们信我们的主、救主耶稣基督设立的纪念圣餐，本质上是一个新约的圣礼，宣告他为世人的牺牲而死，因他替死的功劳，信徒得以获得生命与救恩，得着在基督里一切属灵福份的应许。圣灵特为那些带着敬虔的心重视守圣餐的人，藉圣餐来表明主的死，直等到他再来。这是圣餐筵席，唯有相信基督并爱众圣徒的人才能获邀参加此圣礼。

（出埃及记12:1-14；马太福音26:26-29；马可福音14:22-25；路加福音22:17-20；约翰福音6:28-58；哥林多前书10:14-21；11:23-32）

 ## 十四 神医

我们信圣经中神医的教义，并激励信徒以圣经中的祈祷医治病人。我们也信神通过医药的方法医治。

（列王纪下5:1-19；诗篇103:1-5；马太福音4:23-24；9:18-35；约翰福音4:46-54；使徒行传5:12-16；9:32-42；14:8-15；哥林多前书12:4-11；哥林多后书12:7-10；雅各书5:13-16）

 ## 十五 基督的再临

我们信主耶稣基督将要再来。当基督再临时，我们还活着存留的人，不会在那些已在基督里睡了的人之先。然而，我们若常在祂里面，必会与复活的圣徒一同被提，在空中与主相会，永远与主同在。

（马太福音25:31-46；约翰福音14:1-3；使徒行传1:9-11；腓利比书3:20-21；帖撒罗尼迦前书4:13-18；提多书2:11-14；希伯来书9:26-28；彼得后书3:3-15；启示录1:7-8；22:7-20）

十六　复活、审判与命运

我们信死人复活，不论义人恶人都将复活与他们的灵魂结合——"行善的复活得生，作恶的复活定罪。"

我们信将来的审判，每个人要站在神的审判台前，按照他或她一生所行的受审判。

我们信所有因信得救，并存心信服我主耶稣基督的人，荣耀与永生已经确定；而那些至终不肯悔改的人，将在地狱里承受永远的刑罚。

*圣经参考为信条所支持，由1976年总议会列在此处，但不被视为法规文本之部分。

我们的教会学

圣基督教会

我们认同圣经所说的"神的子民"的说法,承认我们自己是圣洁、大公和使徒性的教会的一部分。受洗归入基督的教会是对神的先行恩典和拯救恩典的个人和集体见证。我们的牧者"在神的教会中"被按立,我们的会众是普世教会的有形表达。我们承认有关神以及神的教会的圣洁的圣经阐述,我们被拣选做神恩典的器皿,蒙圣灵(其生命大能)呼召而得生,在世人中间成为基督活的身体。敬拜神是人类生命的一个真正焦点,基督教会为这一真理作见证。

因此,教会呼唤罪人悔改,改变他们的人生,藉着丰富的教会生活在信徒身上培养圣洁的生活方式,并且呼召信徒过一个分别为圣的生活。教会透过圣洁和信实向世人彰显出神的国,于是教会在真正意义上成为教会自身信息的写照。

与神的使命一致

神的使命在世人中是首要的,他创造宇宙万有,并在自然和历史中创造了具有神的形象的人,好叫神的爱可以兴盛,我们正是从这一位神领受了我们的使命。当罪毁坏了受造物,使命的救赎本质就得以彰显,也就是"将所有的受造物恢复到神创造的目的"。人的恢复是根本。

约翰·卫斯理将之定义为成圣,或称"按照神的形象重建我们的灵魂",其特征为"公义和真正的圣洁"。神的使命从对亚伯拉罕的呼召显明出来,亚伯拉罕被拣选所得的祝福是他的后裔要"成为万国的祝福"(创世纪12:1-2),这在希伯来人的历史中得以证实,希伯来人是独一神的见证,要向地上的万国宣告神的名。

基督徒所经历的神是圣洁的三位一体的神,在我们的主耶稣基督身上,神的彰显最为完全。圣灵邀请我们,也赋予我们能力参与到神的使命。教会进入圣约,自身作为成圣的生命,持续成为万国的祝福和医治。在神的使命中我们与其他基督徒联结,但神所赋予的异象则要求我们的宗派生命为一个国际性的教会,在这个教会里,因基督已向万国万族敞开了她的门,国家的疆界不能成为教会的疆界的界定。

在世人中像基督那样服事

基督徒服事的基础是按照圣经的托付,为神在基督里的爱作见证。信徒以洗礼来确认他们的服事,这洗礼宣告作为基督的门徒,他们愿意作公开的见证。忠心地做门徒是神内住恩典的外在彰显;同样,它也是"神爱世人"之神恩在世人中运行的标记。所有基督身体的肢体都要受装备来服事,那些蒙召在教会中担任领袖职分的人会被按立做使徒性的牧者。他们的呼召源于个人深刻的服侍确信。

教会所体现出来的恩赐上的需要和已有的恩典，当地和地区教会的牧者以及会众要能对其有所洞察和确认，并在地区议会中选出那些要被按立做牧者的人。按立的执事是专职服事人员，但讲道和主持圣餐不是其服侍的主要责任。按立的长老，要塑造基督的身体。这通过传讲福音、施行圣礼、在敬拜中教导百姓以及规范聚会生活来达成。

监督均由会众和牧师组成的议会选出，监督负责管理地区或总办公室。地区监督面向地方教会、会友和某规定区域的神职人员，指导他们的牧养和属灵引导。总监督则面向整个宗派进行使徒性和牧养性的服事，在教义和圣洁上保守教会的合一，通过共同治理彰显基督的生命，并且向全教会传递一个可接受的异像。

总监督们必须具有有国际性的眼光和胸怀。他们肩负重任，要向教会内的不同肢体准确地传递异像和资源需求，参与到有需要的世界事工地区的资源分配，并且使全教会在使命和信息上保持合一。藉着在各地区议会中按立牧者及其他方式，维持宗派在国界、经济、种族和语言等巨大差异上的合一。

我们的体制

一直以来，宣圣会视其教会为普世教会的一个表达。并且，我们相信，在教会治理上，圣经并没有启示出具体的方案，因此我们的体制可以建构于公认的共识，只要所认同的没有任何违背圣经之处。籍此认知，我们认为教会的体制架构应当受造于教会的使命（2013-2017手册，历史，17-19页）。

宣圣会采用的是民主的卫理会主教体制，让牧者和信徒的声音得到最大化，并合理限定了主教任内的权限。以下是宣圣会体制的一些基本构成：

- 我们有三层治理：
  1. 会众选出代表成员来代表他们参加地区年议会。
  2. 地区议会选举代表成员参加四年一度的总议会。
  3. 总议会的决策旨在将全教会和教会的每个部门连结起来。

- 总议会选举出总监督，总监督们对宗派的总体事工进行引导，并对整个教会施行管理权。任期是从当届总议会到下一届总议会，每届总议会都必须重新选举。每位总监督受任管理一些教区，在他或她所负责的教区内举行地区年议会并按立新的神职人员。总监督的人数随着时间的推移有所变化，但自1960年就维持在六位。他们共同组成总监督董事会，每年会召开数次董事会。
- 总议会选出一个由普通信徒和牧师组成的总董事会，其中双方人数相等。总董事会每年召开会议，选出教会的总会职员以及部门总干事。总董事会也要审核规章、预算和教会总体事工的运作情况。
- 教区是由一个区域内的地方教会所组成，由一位地区监督带领。地区教会是为了设定事工目标以及每年召开地区议会而组织。地区议会选举出地区监督，由地区监督来负责栽培地方教会和牧师，建立新堂，关怀教区的健康成长。
- 本地教会可以在自己的财务和事务上咨询牧师并在经过地区监督的批准后来进行管理运作。
- 宣圣会的众教区组成世界教域（例如：非洲区域、亚太区域及其他）。世界教域是宣教事工机构而非行政治理机构。
- 教会建筑和牧师住宅成为教区资产是通过签署信任条款达成的。
- 教会中的牧师和平信徒服侍的职位，女性和男性均可以参与服事。
- 宣圣会的章程规定书籍被称为《宣圣会教会手册》。《教会手册》内的修订均在总议会中进行。（创世纪18:25；撒母耳记上2:10；诗篇50:6；以赛亚书26:19；但以理书12:2-3；马太福音25:31-46；马可福音9:43-48；路加福音16:19-31；20:27-38；约翰福音3:16-18；5:25-29；11:21-27；使徒行传17:30-31；罗马书2:1-16；14:7-12；哥林多前书15:12-58；哥林多后书5:10；帖撒罗尼迦后书1:5-10；启示录20:11-15；22:1-15）

地方教会

宣圣会希望万民透过圣灵的大能，在基督耶稣里，罪得赦免、心得洁净，都能藉此得着神重塑之恩的经历。

我们的使命是"使万民成为像基督的门徒"，帮助信徒相联团契并成为会友，并去装备（教导）所有回应这信仰的人。

"信心团体"的终极目标是在末日把人完完全全地带到基督面前（歌罗西书1：28）。

拯救、使人完全、教导和差传都是在地方教会里进行的。地方教会是基督的身体，是我们信仰和使命的代表。

地区教会

地方教会按行政体制被划分为地区和地域。

教区是完全由独立的地方教会所组成的团体，旨在藉着教会间的相互支持、资源共享及合作，来组织安排每一个地方教会传福音的使命。

地区监督与该教区的顾问委员会共同指导监督一个特定的教区。

总教会

宣圣会合一的基础，是以《教会手册》中所陈述的信仰、章程、概念和流程作为根基的。

手册的教义部份清楚明确地表明了这个合一的重心意义。我们鼓励所有区域和语言的当地教会翻译这些信条，并将其把这些传递教导给我们的会众。这是维系我们宣圣会思想行为的精要准则。

总议会就是这种合一的绝好体现，它是"宣圣会最高教义陈述、立法和选举当局"。（《教会手册》300）

第二个体现之处是国际总会，它代表整个教会。

第三个体现之处是总监督委员会，他们能够解释阐明《教会手册》，核准文化中需适应之处，并按立圣职人员。

宣圣会的治理体制是代议制，如此一方面避免主教制的极权，另一方面避免堂会制度的无限制坐大。

教会不仅仅只是联络，更是彼此联结。这种联结的纽带比一根随时都有可能被割断的绳索更为坚韧。

把我们联结在一起源头是什么？正是耶稣基督。（《宣圣会教会手册》2013-2017）

一个联结的教会

作为一个"圣洁团体",宣圣会联络得恰到好处。她既不像一些独立教会之间联系得松散,也不像那些虽然有一些共同信念和目标、但却没有建立起真正的肢体关系的教会协会的宗派。

本会彼此之间的联络是有目共睹的

因此,我们是一个由地方教会组成的互相依存的身体。教会建构成教区,旨在完成我们共同的使命——"使万民成为像基督的门徒"。为了使命的开展以及信仰持守其纯正的需要,彼此委身和相互监督就成了必不可少的因素。

作为一个联结的教会,我们:

- 分享信仰。
- 分享价值。
- 分享使命。
- 分享责任。

责任公担包括一个共同承担的财务责任,即通过世界宣教基金和特殊宣教奉献为宣教募款。

自1908年来,宣圣会透过全球事工使万民成为像基督的门徒。

为基督所得之地在持续扩大和增长。当你代祷并慷慨解囊时,你与他人共同完成了比你独自能完成的更多的事。你在你的教会所奉献的每一笔款项都有一个目的,就是为宣教筹募基金。

宣圣会持守的是平等牺牲,而非平等奉献的原则。这是一个来自于圣经的角度,特别是对于一个既包括发达经济体也包括发展中国家在内的全球性教会来说。

世界宣教基金是一个宗派筹款规划。有时你或许会听到"宣教募款"这个词。这是比世界宣教基金更宽泛的一个词，解释宣教事工在世界不同地方以不同方式进行筹款。

宣圣会对教会的宣教和事工的支持活泼又健康，遍布全球的宣教区域。对于教会为着多人的需要而舍己奉献一事来说，宣教募款活动意义重大。

我们纵观全世界的奉献款总额，平均有86.1%的奉献款用于你所在的地方教会的事工。教区事工使用了大约4.5%的资金。宣圣会大学教育以及门徒训练学员用了大约1.8%的资金。为着福音宣教以及其他被认可的宣道特别奉献，你所在的教会向世界宣教基金供应了7.6%的奉献款。

可以看到你们的奉献款为训练、门徒造就，把福音传给儿童、青少年和成年人提供了可能。当你奉献时，你就加入到宣圣会这个彼此联络的教会中；你爱了破碎的人，触摸了全世界失丧的灵魂，并且使万民成为像基督的门徒。

宣圣会如何为宣教筹款：

- 地方教会事工 86.1%
- 地区教会事工 4.5%
- 世界宣教基金以及宣道特别奉献 7.6%
- 宣圣会高等教育 1.8%
- 世界宣教基金以及特殊宣教奉献共同分享着责任——让教会在差派宣教士、训练国家领袖，并且为福音布道、门徒训练以及教导宣圣会的下一代提供教育者这些事上提供了可能。

基督徒。圣洁。宣教。

我们见证第一任总监督芬尼·布劳基（Phineas F. Bresee）的异像的实现。他从一开始就谈到一个"属神的画面"，就是宣圣会带着"救恩和归耶和华为圣"的异象环绕全球。

每一个宣圣会人，无论他或她在哪里，都参与到这异像的广阔事实中。

每一个被改变的生命都是一个见证，这见证向所有人表明出卫斯理圣洁教义全备救恩。

"使万民成为像基督的门徒"，这使命提醒我们，我们被赋予了一个属灵的责任，同时我们要成为好管家，管理主所赐给我们的全部资源。

从神而来的使命意味着我们的目标属于最高的命令，是由内住在我们里面的圣灵使之成为可能。

当我们尊敬我们的"敬虔的传统"时，教会不可能走回头路——也不可能仅仅维持在现有的状态。

作为耶稣基督的跟从者，我们要不断地迈向"神所经营所建造的"那座城（希伯来书11：10）。

看哪，神使一切都更新了！